LIBRO RECOMENDADO

Jarosław Jankowski

¿Sabes quién eres?
Una guía por los 16 tipos de personalidad ID16™©

¿Por qué somos tan diferentes? ¿Por qué
asimilamos la información de forma distinta,
descansamos de otra manera, tomamos
decisiones de otra forma y organizamos
de manera diferente nuestra vida?

«¿Sabes quién eres?» te permitirá
comprenderte mejor a ti mismo y a los demás.
El test ID16 ™© incluido en el libro te ayudará
a determinar tu tipo de personalidad,
ofreciéndote una valiosa introspección.

Tu tipo de personalidad:
Animador
(ESTP)

Tu tipo de personalidad:
Animador
(ESTP)

JAROSŁAW JANKOWSKI

LOGOS MEDIA

Tu tipo de personalidad: Animador (ESTP)

Esta publicación puede ayudarte a utilizar mejor tu potencial, a crear relaciones saludables con otras personas y a tomar buenas decisiones en lo relativo a la educación y la carrera profesional. Sin embargo, en ningún caso debería ser tratada como un sustituto de una consulta psicológica o psiquiátrica especializada. El autor y el editor no asumen la responsabilidad por los eventuales daños resultantes de un uso indebido de este libro.

ID16™© es una tipología de la personalidad original. No se la debe confundir con las tipologías y los test de personalidad de otros autores o instituciones.

Título original: Twój typ osobowości: Animator (ESTP)

Traducción del idioma polaco: Ángel López Pombero, Lingua Lab, www.lingualab.pl

Redacción: Xavier Bordas Cornet, Lingua Lab, www.lingualab.pl

Redacción técnica: Zbigniew Szalbot

Editor: LOGOS MEDIA

ISBN (versión impresa): 978-83-7981-173-1
ISBN (EPUB): 978-83-7981-174-8
ISBN (MOBI): 978-83-7981-175-5

Índice

Prólogo

Tu tipo de personalidad: Animador (ESTP) es un extraordinario compendio de conocimiento acerca del *animador*, uno de los 16 tipos de personalidad ID16™©.

Esta guía es parte de la serie ID16™©, formada por 16 libros dedicados a los diferentes tipos de personalidad. De forma exhaustiva y clara responden a las siguientes preguntas:

- ¿Qué piensan y sienten las personas que pertenecen a un determinado tipo de personalidad? ¿Cómo toman las decisiones? ¿Cómo solucionan los problemas? ¿De qué tienen miedo? ¿Qué les irrita?

- ¿Con qué tipos de personalidad se relacionan y cuáles evitan? ¿Qué tipo de amigos, cónyuges, padres son? ¿Cómo los ven los demás?

- ¿Qué predisposiciones profesionales tienen? ¿En qué entorno trabajan de manera más efectiva? ¿Qué profesiones se corresponden mejor con su tipo de personalidad?

- ¿En qué son buenos y en qué deben mejorar? ¿Cómo deben aprovechar su potencial y evitar las trampas?

- ¿Qué personas conocidas pertenecen a un determinado tipo de personalidad?

- ¿Qué sociedad muestra más rasgos característicos de un determinado tipo?

En este libro también encontrarás la información más importante sobre la tipología ID16™©.

Esperamos que te ayude a conocerte mejor a ti mismo y a los demás.

EDITORES

ID16™© entre las tipologías de personalidad de Jung

ID16™© pertenece a la familia de las denominadas tipologías de personalidad de Jung, que hacen referencia a la teoría de Carl Gustav Jung (1875 – 1961), psiquiatra y psicólogo suizo, uno de los principales representantes de la denominada psicología profunda.

Sobre la base de muchos años de estudio y observación, Jung llegó a la conclusión de que las diferencias en las actitudes y las preferencias de las personas no son casuales. Creó la división, bien conocida hoy en día, entre extrovertidos e introvertidos. Además, distinguió cuatro funciones de la personalidad, que forman dos pares de factores contrarios: percepción – intuición y pensamiento – sentimiento. Estableció también que en cada una de estas parejas domina una de las funciones. Jung llegó a la convicción de que las funciones dominantes de cada persona son permanentes e independientes de las condiciones externas y que su resultante es el tipo de personalidad.

En el año 1938 dos psiquiatras estadounidenses, Horace Gray y Joseph Wheelwright, crearon el primer test de personalidad basado en la teoría de Jung, que permitía determinar las funciones dominantes en las tres dimensiones descritas por él: **extroversión – introversión**, **percepción – intuición** y **pensamiento – sentimiento**. Este test se convirtió en una inspiración para otros investigadores. En el año 1942, también en suelo americano, Isabel Briggs Myers y Katharine Briggs comenzaron a emplear su propio test de personalidad, ampliando el clásico modelo tridimensional de Gray y Wheelwright con una cuarta dimensión: **juicio – percepción**. La mayoría de las tipologías y test de personalidad posteriores, referidos a la teoría de Jung, también toman en consideración esta cuarta dimensión.

Pertenecen a ellas, entre otros, la tipología americana publicada en el año 1978 por David W. Keirsey, así como el test de personalidad creado en Lituania en los años 70 del siglo XX por Aušra Augustinavičiūtė. En las décadas posteriores, investigadores de diferentes partes del mundo fueron tras sus huellas. Ellos crearon otras tipologías con cuatro dimensiones y varios test de personalidad adaptados a las condiciones y necesidades locales.

A este grupo pertenece la tipología de personalidad independiente ID16™©, desarrollada en Polonia por el pedagogo y mánager Jarosław Jankowski. Esta tipología, publicada en la primera década del siglo XXI, también se basa en la teoría clásica de Carl Jung. Al igual que otras tipologías de Jung contemporáneas, se inscribe en la corriente del análisis tetradimensional de la personalidad. En el marco de ID16™© estas dimensiones se llaman las **cuatro tendencias naturales**. Estas tendencias tienen un carácter dicotómico y su imagen proporciona información sobre el tipo de personalidad de la persona. El análisis de la primera tendencia tiene como objetivo determinar la **fuente de energía vital** dominante (el mundo exterior o el mundo interior). El análisis de la segunda tendencia determina la **forma dominante de asimilación de la información** (a través de los sentidos o a través de la intuición). El análisis de la tercera tendencia determina la **forma de toma de decisiones** dominante (según la razón o el corazón). El análisis de la cuarta tendencia determina, sin embargo, el **estilo de vida** dominante (organizado o espontáneo). La combinación de todas estas tendencias naturales da como resultado **16 posibles tipos de personalidad**.

La característica especial de la tipología ID16™© es su dimensión práctica. Esta describe los diferentes tipos de personalidad según se comportan en la acción: en el trabajo, en la vida diaria y en las relaciones con otras personas. No se concentra en la dinámica interna de la personalidad, ni tampoco intenta aclarar teóricamente procesos interiores e invisibles. Más bien se concentra en cómo un determinado tipo de personalidad se manifiesta al exterior y de qué forma influye sobre el entorno. Este acento en el aspecto social de la personalidad aproxima de cierto modo la tipología ID16™© a la tipología de Aušra Augustinavičiūtė anteriormente mencionada.

Cada uno de los 16 tipos de personalidad ID16™© es la resultante de las tendencias naturales de la persona. La inclusión en un determinado tipo no tiene, sin embargo, características evaluativas. Ningún tipo de personalidad es mejor o peor que los otros. Cada uno de los tipos es simplemente diferente y cada uno tiene sus puntos potencialmente fuertes y débiles. ID16™© permite identificar y describir estas diferencias. Ayuda a comprenderse a uno mismo y a descubrir nuestro lugar en el mundo.

Conocer el perfil propio de personalidad permite a las personas aprovechar en su totalidad su potencial y trabajar en las áreas que pueden causarles problemas. Este conocimiento constituye una ayuda inestimable en la vida diaria, en la solución de problemas, en la creación de relaciones sanas con otras personas y en la toma de decisiones acerca de la educación y la carrera profesional.

La determinación del tipo de personalidad no es un proceso de carácter arbitrario y mecánico. Cada persona, como «propietario y usuario de su personalidad» es plenamente competente para determinar a qué tipo pertenece. Su papel en este proceso es, por lo tanto, crucial. Esta autoidentificación puede realizarse analizando las descripciones de los 16 tipos de personalidad y estrechando gradualmente el campo de elección. Sin embargo, se puede elegir un camino más corto: utilizar el test de personalidad ID16™©. También en este caso, el «usuario de la personalidad» tiene un papel primordial, ya que el resultado del test depende exclusivamente de las respuestas del usuario.

La identificación del tipo de personalidad ayuda a conocerse a uno mismo y a los demás; no obstante, no debería ser tratada como una profecía que predestina el futuro. El tipo de personalidad nunca puede justificar nuestras debilidades o nuestras malas relaciones con otras personas (¡aunque puede ayudar a comprender sus motivos!).

En el marco de ID16™© el tipo de personalidad no es tratado como un estado estático, genéticamente determinado, sino como la resultante de características innatas y adquiridas. Este enfoque no quita importancia al libre albedrío, ni tampoco pretende clasificar a las personas. Abre ante nosotros nuevas perspectivas que nos animan a trabajar sobre nosotros mismos, ya su vez estas perspectivas nos muestran las áreas en las que este trabajo es más necesario.

Animador (ESTP)

La personalidad a grandes rasgos

Lema vital: *¡Hagamos algo!*

Enérgico, activo y emprendedor. Le gusta la compañía de otros y sabe pasárselo bien y disfrutar del momento presente. Es espontáneo, flexible y suele estar abierto a los cambios.

Es entusiasta inspirador e iniciador, suele motivar a los demás a actuar. Lógico, racional y extraordinariamente pragmático. Realista. Le aburren las ideas abstractas y las reflexiones sobre el futuro. Procura solucionar los problemas concretos e inmediatos que se le presentan, pero a menudo también tiene dificultades con la organización y la planificación. Suele ser impulsivo. Suele ocurrir que primero actúa y luego piensa.

Tendencias naturales del *animador*:

- Fuente de energía vital: mundo exterior.
- Asimilación de información: sentidos.
- Toma de decisiones: razón.
- Estilo de vida: espontáneo.

Tipos de personalidad similares:

- *Administrador*
- *Pragmático*
- *Inspector*

Datos estadísticos:

- Los *animadores* constituyen el 6-10% de la sociedad.
- Entre los *animadores* predominan los hombres (60%).
- El país que se corresponde con el perfil de *animador* es Australia[1].

Código literal:

El código literal universal del *animador* en las tipologías de personalidad de Jung es ESTP.

Características generales

Los *animadores* son activos y espontáneos. Se concentran en el día de hoy y saben pasárselo

---

[1] Esto no quiere decir que todos los habitantes de Australia pertenezcan a este tipo de personalidad, sino que la sociedad australiana, en su conjunto, tiene muchas características del *animador*.

bien y disfrutar del momento presente. No son de los que pasan mucho tiempo pensando en aquello que les pueda deparar el futuro. Prefieren aprovechar lo que la vida ofrece en un momento dado. Se implican de buen grado en todo lo que es nuevo: les gustan las situaciones variables y las sorpresas.

Les cuesta estarse quietos. Sienten una necesidad continua de nuevas sensaciones. Cuando profundizan en algún campo del saber, encuentran respuestas a las preguntas que les inquietan, y al obtenerlas, empiezan a ver otros retos y nuevos problemas que resolver. Normalmente se adaptan con facilidad a las nuevas condiciones y aceptan bien los cambios (¡incluso los esperan!).

Percepción

Normalmente son pragmáticos y realistas: confían en lo que pueden tocar y lo que pueden ver u oír. Son unos observadores excelentes y destacan por su capacidad de percepción. Desconfían de presentimientos e intuiciones. Aprenden a través de la práctica. Sin embargo, les aburren las reflexiones teóricas y las ideas abstractas. Por lo general, son abiertos, tolerantes y comprensivos: tanto con los demás como consigo mismos. Son capaces de perdonarse muchas cosas a sí mismos, y no se atormentan con los recuerdos de los errores del pasado o de decisiones equivocadas.

Decisiones

A la hora de tomar decisiones se guían por la lógica. Los argumentos racionales y las pruebas les convencen más que sus propios sentimientos y su intuición. Normalmente sus decisiones son una respuesta a las situaciones y necesidades surgidas. Más raramente son el resultado del hecho de preparar conscientemente y planificar las cosas para algo que esperan que llegue en un futuro. A menudo «piensan en voz alta». Al comentar los problemas con otras personas y verbalizar diferentes posibilidades, acaban alcanzando las soluciones.

Al emprender alguna acción no prestan mayor atención a cómo serán percibidos por los demás. Se guían principalmente por sus propias convicciones, basadas en hechos racionales y objetivos. La lealtad a sus propios principios es para ellos más importante que la satisfacción de los demás (e incluso más importante que el respeto de las normas y costumbres vigentes).

A los ojos de los demás

Los *animadores* son percibidos por los demás como personas simpáticas, espontáneas y abiertas. Por lo general, los demás los ven como enérgicos, activos, prácticos y excepcionalmente directos (para algunos, demasiado directos). Muchos los ven como buenos compañeros de diversión, pero también como personas con cuya ayuda se puede contar en caso de problemas repentinos. Más raramente son percibidos como expertos en tareas que requieran una buena organización y planificación. A veces simplemente son vistos como caóticos y desorganizados. Las personas entregadas al servicio desinteresado a los demás o que buscan sobre todo la vida espiritual a menudo ven a los *animadores* como superficiales y más bien centrados en forjar su propia carrera y en adquirir bienes materiales.

A su vez, a los propios *animadores* les cuesta entender a aquellos a quienes les fascinan las teorías o ideas abstractas. Para ellos, los aficionados a los relatos sentimentales, los melodramas y las telenovelas son también un enigma.

Resolución de problemas

Los *animadores* son prácticos. No les gusta divagar sobre lo que hay que hacer. Prefieren ponerse manos a la obra al instante. Les gustan las tareas prácticas y concretas. A menudo observan conscientemente el entorno, buscando problemas que resolver. Normalmente no necesitan una larga preparación. Están «siempre preparados». Se las arreglan perfectamente en circunstancias que requieran una reacción rápida, así como flexibilidad e improvisación. En situaciones urgentes (por ejemplo, durante una acción de salvamento), cuando a los demás les pueden las emociones o les paraliza el miedo, ellos mantienen la sangre fría y son capaces de realizar rápidamente una valoración objetiva de la situación y emprender las acciones necesarias. Aún más, reaccionan al momento ante circunstancias cambiantes y los nuevos factores que van apareciendo; son capaces de corregir rápidamente sus acciones (adaptándolas a las nuevas condiciones aparecidas).

Tienen más problemas con tareas que requieren planificación y una larga preparación. En tales situaciones intentan arreglárselas con una excelente capacidad de improvisación, característica de los *animadores*. Ocurre, sin embargo, que debido a los problemas con la planificación y a una organización no muy buena pierden diversas ocasiones y desaprovechan muchas «oportunidades» que la vida les brinda.

Al sobrestimar sus capacidades (por ejemplo, valorando mal el trabajo necesario para realizar una tarea) a veces dejan para el último momento demasiadas cosas por hacer, haciendo pasar a sus compañeros de trabajo y familiares por muchas experiencias estresantes. Aunque la planificación y la organización no son sus puntos fuertes, con un poco de esfuerzo son capaces de desarrollar en gran medida estas habilidades.

Comunicación

A los *animadores* no les gusta expresar los pensamientos por escrito. Prefieren la comunicación verbal. Son capaces de relatar de forma interesante y tienen el don de la convicción. Prefieren hablar que escuchar. Por lo general son impacientes, así que interrumpen a sus interlocutores y no les dejan terminar. Sin embargo, su carácter abierto, optimista y su sentido del humor hacen que los demás los escuchen de buen grado. Todo esto, en combinación con su actividad y entusiasmo, hace que sean capaces de atraer a los demás para que los sigan. A menudo son iniciadores y animadores de diversas acciones (de ahí el nombre de este tipo de personalidad).

Al comenzar un nuevo proyecto son capaces de inculcar en los demás la confianza en el éxito y de animarlos a actuar. Sin embargo, por lo general son más aptos para iniciar acciones que para desarrollarlas y llevarlas hasta el final. También suelen tener problemas más frecuentemente que los demás para cumplir sus promesas y mantener lo que previamente habían declarado. Cuando en el horizonte aparecen nuevos retos pierden el ímpetu para realizar las tareas anteriormente iniciadas. Esta actitud provoca en ocasiones el desencanto en aquellos que, animados por su compromiso inicial, se unieron a las tareas iniciadas por ellos.

Ante situaciones de estrés

Los *animadores* son capaces de trabajar bien, pero también de descansar como es debido. Son capaces de «desconectar» y entregarse totalmente al relax o la diversión, sin sentir por ello cargos de conciencia. A menudo destacan por su especial afición por el deporte y el descanso activo. Por lo general, soportan bien el estrés y las situaciones de conflicto. Sin embargo, una tensión prolongada puede provocarles agotamiento, pérdida de energía y abandono de lo que habían emprendido. Cansados y aburridos, pueden buscar experiencias sensoriales intensas, recurrir a sustancias estimulantes o incluso buscar una válvula de escape en los juegos de azar o especulaciones financieras arriesgadas.

Aspecto social de la personalidad

Los *animadores* son abiertos, sociables y por esa razón es relativamente fácil acercarse a ellos. Normalmente se ganan rápidamente la simpatía del entorno. Son capaces de habituarse a una nueva compañía y de adaptarse rápidamente a las situaciones. Pueden contar durante horas historias divertidas y comentar de forma ingeniosa la realidad. A menudo su sola presencia es capaz de relajar un ambiente tenso. En los contactos con otras personas son extraordinariamente directos y normalmente dicen lo que piensan. Suelen ser impulsivos y rudos: sus observaciones críticas pueden herir a las personas más sensibles y emocionales.

Normalmente no pierden el tiempo en averiguar qué piensan los demás sobre ellos ni cómo son percibidos. Son resistentes a las críticas y la presión del entorno. Son capaces de influir en las personas, e incluso de manipularlas, para conseguir objetivos que para ellos son importantes.

Aunque suelen ser el alma del grupo y pueden hacer ameno a los demás el tiempo pasado en su compañía, suelen tener problemas con las relaciones interpersonales más profundas. Se pierden o no acaban de comprender el mundo de las sensaciones y los sentimientos. Normalmente les resulta más sencillo crear vínculos cuya esencia sea la diversión común o la resolución conjunta de problemas que desarrollar relaciones basadas en los sentimientos. Por este motivo las relaciones familiares suelen ser para ellos un desafío mayor que las profesionales.

Entre amigos

Los *animadores* se sienten bien allí donde algo está ocurriendo. Les gusta la compañía de otras personas y les encanta la diversión en común y cualquier actividad «en grupo». Son capaces de acostumbrarse rápidamente a un entorno nuevo y de adaptarse a las nuevas condiciones. Los demás valoran su entusiasmo, optimismo y sentido del humor y pasan con ellos el tiempo de buen grado. Normalmente los otros los ven como personas sociables, espontáneas y poco problemáticas.

A los *animadores* les gusta entablar amistades nuevas. Conocen de buen grado a nuevas personas y cambian de amigos con más frecuencia que los demás. Apenas tras una breve conversación son capaces de evaluar el potencial de las personas que acaban de conocer. Sin embargo, les cuesta más interpretar sus emociones y sentimientos. La espontaneidad y la impulsividad de los *animadores* hacen que a menudo sean percibidos como personas emocionales. En realidad, no obstante, se guían principalmente por la lógica y la razón.

Les encanta la diversidad a la hora de pasar el tiempo acompañados. Por lo general, son espontáneos y toman las decisiones de forma rápida. A la larga les aburren las charlas en torno a la mesa. Prefieren sin duda alguna la acción conjunta. Son personas típicamente de acción: sus amigos y familiares saben que si es necesario resolver rápidamente algún problema práctico siempre se puede contar con su ayuda. La acción práctica es la forma en la que expresan su amistad y apego. Suelen entablar amistad con *administradores*, *pragmáticos*, *innovadores* y otros *animadores*. Menos frecuentemente lo hacen con *mentores*, *consejeros* e *idealistas*.

En el matrimonio

Los *animadores* son dinámicos, enérgicos y sensuales. Su espontaneidad y sentido del humor hacen que sea imposible aburrirse con ellos. Como maridos/esposas aportan vida y energía a la relación matrimonial. Gracias a ello «siempre pasa algo». Por lo general, valoran mucho la libertad y soportan mal las limitaciones. Ellos mismos tampoco ponen límites a sus cónyuges y les dan libertad.

Se preocupan mucho por las necesidades de sus maridos/esposas y les muestran apoyo. Para ellos, los actos son más importantes que las palabras.

Las necesidades prácticas tienen para ellos más importancia que las necesidades emocionales: ellos mismos no tienen grandes necesidades emocionales, por eso tienen dificultades para percibirlas en los que los rodean. Por lo general, también tienen problemas para interpretar y mostrar sentimientos (aunque, con el tiempo y con un poco de esfuerzo son capaces de desarrollar esta habilidad). Sus cónyuges, si tienen un carácter romántico pueden echar en falta los cumplidos, sintiendo cierta carencia afectiva, de cariño y palabras cálidas. También pueden sufrir debido a sus observaciones críticas y bromas fuera de tono.

Por lo general, a los *animadores* no les gustan demasiado las conversaciones sobre sentimientos y relaciones. Estas discusiones no solo les aburren, sino que también les parecen una pérdida de tiempo (¡que puede utilizarse para alguna actividad concreta!). A las esposas/maridos sensibles y emocionales de los *animadores* las conversaciones con estos pueden parecerles triviales y superficiales, y sus repuestas, demasiado lacónicas.

Los estímulos nuevos e intensos normalmente atraen con tanta fuerza la atención de los *animadores* que, absortos en los nuevos desafíos, a veces se olvidan de las obligaciones anteriores. Cuando les intriga algún problema no resuelto o alguna cuestión que no han investigado, pocas cosas pueden impedir que se impliquen en aquel asunto. Como resultado, a menudo tienen dificultades para cumplir los compromisos anteriores. Este comportamiento provoca a veces un sentimiento de frustración en sus maridos/esposas, especialmente cuando no comparten el entusiasmo de los *animadores*, o no entienden la esencia de los problemas que les fascinan.

Los *animadores* viven el momento presente; por eso, la promesa de fidelidad matrimonial, «hasta que la muerte nos separe», puede suponer para ellos un desafío considerable. Por lo general, los compromisos de ese tipo son para ellos una decisión que toman nuevamente cada día. Su carácter espontaneo y afición por los cambios, que hacen que la vida con ellos sea una aventura continua, a veces son también un riesgo para la estabilidad de su vínculo matrimonial. También es una amenaza potencial su fascinación permanente por entablar nuevas amistades y su tendencia a flirtear.

Los candidatos naturales a maridos/esposas de los *animadores* son personas de tipos de personalidad afines: *administradores*, *pragmáticos* o *inspectores*. En estos matrimonios es más fácil crear una comprensión mutua y unas relaciones armoniosas. Sin embargo, la experiencia muestra que las personas pueden crear relaciones exitosas y felices, también a pesar de una evidente disconformidad tipológica. Aún más, las diferencias entre los cónyuges pueden aportar dinámica a estas relaciones y ayudar al desarrollo personal (a muchas personas esta perspectiva les parece más atractiva que la visión de una relación armoniosa, en la que siempre reina el acuerdo y una plena comprensión mutua).

Como padres

Los padres *animadores* tratan a los hijos como personas independientes: les preguntan por su parecer, cuentan con sus opiniones y están dispuestos a darles la razón, e incluso a aprender de ellos. Les animan a conocer el mundo y aprovechar de forma activa el tiempo libre. En la educación, prefieren un estilo basado en el compañerismo. Son más amigos que mentores. Con los hijos, buscan respuestas a las preguntas y descubren el mundo con ellos.

No adoptan el papel de expertos que facilitan respuestas preparadas a todas las posibles preguntas. Tampoco les da vergüenza reconocer su ignorancia. Por lo general son tolerantes, indulgentes y no causan problemas, pero suelen ser impulsivos e impacientes. A sus medidas educativas a menudo les falta coherencia y consecuencia. Si el segundo progenitor no es capaz de actuar de una forma más organizada, a sus hijos les puede faltar una sensación de estabilidad y seguridad, así como pueden desconocer los principios básicos que rigen el mundo.

Los *animadores* a menudo tienen problemas a la hora de disciplinar a sus hijos (ceden de buen grado esta obligación a sus cónyuges). En lugar de esto, les encantan la diversión despreocupada y los juegos en común: disfrutan con ellos tanto como los niños. A veces, la diversión les absorbe tanto que se olvidan de otras obligaciones. Sin embargo, cuando están ocupados con otras tareas, pueden casi olvidarse de los hijos.

A los hijos a veces les cuesta comprender el comportamiento de un padre *animador*, pues a veces está totalmente metido en el juego, mientras que otras veces no está disponible en absoluto. Las dificultades de los *animadores* para interpretar y expresar sentimientos también suele ser una causa de los problemas en las relaciones mutuas con los hijos. Por lo general, no suelen ser demasiados cordiales con los hijos, ni excesivamente cariñosos. Su forma natural de mostrarles amor es preocuparse por sus necesidades, en particular las de índole práctica. Tratan estas últimas de forma extremadamente seria y responsable. Sin embargo, cuando un hijo sufre algún daño son capaces de pasar de ponerse manos a la obra de inmediato, y emprender al instante las acciones necesarias (por ejemplo, al saber que hay problemas en el colegio de sus hijos, a menudo son los primeros en intervenir, movilizando también a los demás padres).

Los hijos adultos de los *animadores* les están agradecidos por haberles proporcionado una gran libertad, animándoles a conocer el mundo y porque en los momentos difíciles los sacaron de más de un aprieto. También recuerdan con agrado los momentos felices cuando jugaban juntos.

Trabajo y carrera profesional

A los *animadores* les gusta la variabilidad, por eso trabajan de buen grado allí donde «pasa algo». Se encuentran bien en empresas que valoran la actividad y el espíritu emprendedor, y garantizan a los subordinados libertad en la realización de las tareas. Sin embargo, llevan mal las situaciones en las que están sometidos a un control o supervisión rigurosos. No les gustan los plazos fijos, las estructuras rígidas y los procedimientos burocráticos. Si están convencidos de sus razones, pueden ignorar conscientemente las instrucciones o reglamentos vigentes, con el fin de poder realizar un objetivo que para ellos es importante.

Preferencias

No soportan la rutina y la reiteración. Cuando deben realizar tareas monótonas y repetitivas procuran amenizar y hacer atractivo su trabajo, introduciendo elementos de variabilidad y diversidad. Muchos *animadores* no quieren pasar su vida en una mesa de oficina bajo el ojo atento del jefe, y por eso seleccionan conscientemente un trabajo que les permita moverse, que requiera viajar y reunirse con clientes, pero que al mismo tiempo les proporcione cierto grado de libertad. La actividad innata, el espíritu emprendedor, la afición por el riesgo y las ansias de independencia hacen que muchos *animadores* creen sus propias empresas y alcancen el éxito en los negocios.

Capacidades y retos

Por lo general a los *animadores* se les dan mejor las tareas que requieren espontaneidad y una reacción rápida, mientras que no están a gusto con tareas que requieran una buena planificación y organización, y les exijan ser sistemáticos. Al trabajar en puestos de dirección necesitan un apoyo sólido por parte de asistentes o secretarios a quienes puedan delegar los trabajos prácticos y rutinarios. Para ellos, los problemas en los que las emociones y los sentimientos desempeñan un papel importante también son un reto considerable. Al entrar en áreas que requieran intuición, empatía e interpretación de los sentimientos humanos, normalmente se sienten perdidos, por eso a menudo intentan evitar este tipo de situaciones.

En equipo

A los *animadores* les gustan los superiores que marcan a los subordinados direcciones de acción generales y les dan libertad para realizar las tareas. Trabajan de buen grado en grupo. Normalmente aportan optimismo, entusiasmo y un enfoque práctico de los problemas. Son inspiradores e iniciadores naturales. A menudo son los primeros en ponerse a trabajar, arrastrando tras de sí a los demás. Su ímpetu, entusiasmo y compromiso son una inspiración positiva para los demás y una motivación para actuar. Ellos mismos trabajan de buen grado con personas abiertas y espontáneas (parecidas a ellos), con sentido del humor y que sepan disfrutar de la vida.

Les cansa trabajar con personas que no son capaces de asumir la responsabilidad por su propia vida o ven el mundo con cierto pesimismo. No comprenden a las personas que son capaces de discutir durante meses alrededor de un determinado problema, sin emprender ninguna acción práctica para resolverlo. Para los *animadores* las discusiones teóricas no solo son algo sumamente pesado, sino también improductivo (suponen una pérdida de tiempo y energía). Los demás suelen percibir su actuación como irreflexiva, prematura y caótica.

Profesiones

El conocimiento del perfil de personalidad propio y de las preferencias naturales es una ayuda inestimable a la hora de elegir la carrera profesional óptima. La experiencia muestra que los *animadores* pueden trabajar con éxito y sentirse realizados en diferentes campos, aunque su tipo de personalidad los predispone de forma natural para profesiones tales como:

- actor,
- agente de seguros,
- agente de viajes,
- agente inmobiliario,
- animador,
- antiterrorista,
- asesor financiero,
- bombero,
- cerrajero,
- coach,
- conductor,
- deportista,
- electricista,
- electrónico,
- empleado de un centro de gestión de emergencias,
- empresario,
- especialista en logística,
- fisioterapeuta,
- fotógrafo,
- guía de excursiones,
- guía turístico,
- ingeniero,
- militar,
- policía,
- presentador,
- representante comercial,

- socorrista,
- trabajador de la construcción,
- vendedor,
- vigilante.

Potenciales puntos fuertes y débiles

Los *animadores*, al igual que otros tipos de personalidad, tienen potenciales puntos fuertes y débiles. Este potencial puede ser gestionado de diferentes formas. La felicidad personal y la realización profesional de los *animadores* dependen de si aprovechan las oportunidades relacionadas con su tipo de personalidad y de si hacen frente a las amenazas que les acechan. He aquí un RESUMEN de estas oportunidades y amenazas:

Puntos fuertes potenciales

Los *animadores* son abiertos, optimistas y establecen contactos rápidamente. No son rencorosos y son capaces de perdonar (a sí mismos y a los demás). Disfrutan del momento presente y no se atormentan con pensamientos sobre errores del pasado. Son unos excelentes observadores y tienen muy buena memoria. Les caracteriza la flexibilidad y la espontaneidad. Soportan bien los cambios y se adaptan rápidamente a las nuevas condiciones. Son excepcionalmente lógicos y racionales. Les gusta resolver problemas prácticos. No temen las tareas «irresolubles». Son capaces de valorar rápidamente la situación y de reaccionar de forma adecuada — al momento — a los problemas que se presentan y a las circunstancias cambiantes. También tienen un extraordinario don de improvisación. Son operativos, emprendedores y enérgicos. Soportan bien las situaciones de conflicto y son resistentes a la crítica. Independientemente de las opiniones y valoraciones de otras personas, son capaces de emprender las acciones de las que están convencidos. No es fácil desanimarlos.

Por lo general son atrevidos y no temen el riesgo. Contagian a los demás con entusiasmo y con su confianza en el éxito. Inician diversas acciones y motivan a los demás a involucrarse. Son capaces de implicarse con todo su empeño en las tareas que les importan, pero también de relajarse bien. Normalmente les caracteriza una muy buena comunicación verbal. Pueden hablar de forma brillante, ingeniosa e interesante, atrayendo la atención de los oyentes. También tienen el don de la convicción.

Puntos débiles potenciales

Los *animadores* tienen dificultades para definir las prioridades en un asunto y les cuesta proceder en sus actividades de forma metódica y sistemática. A menudo actúan de forma impulsiva. Sus acciones son normalmente una reacción a problemas y retos actuales y más raramente el resultado de una acción planificada con vistas al futuro. Como suelen estar ocupados con el momento presente, tienen problemas para percibir las oportunidades y riesgos futuros. También tienen dificultades para prever las consecuencias de sus acciones y su influencia sobre las personas. Se distraen con facilidad. Al ver nuevos retos pierden el entusiasmo por las tareas anteriormente iniciadas. Por eso, suelen tener problemas para mantener sus promesas y para finalizar las tareas emprendidas. Sus dificultades con la planificación y su mala gestión del tiempo pueden conducir a una distribución indebida de las tareas en el tiempo y, por lo tanto, a un incumplimiento de los plazos.

A los *animadores* se les dan mal las tareas que requieren trabajar en solitario o una larga preparación (por ejemplo, leer gran cantidad de materiales, preparar un plan de actuación detallado). También suelen tener dificultades con las tareas rutinarias y las acciones repetitivas. Las tareas que requieren un razonamiento abstracto o pensar a largo plazo también constituyen para ellos un problema. Por lo general, son impacientes y se cansan y desaniman fácilmente. A menudo, se caracterizan por su afición al riesgo y por exponerse a peligros. La seguridad en sí mismos, que normalmente les ayuda a alcanzar el éxito, a veces hace que sobrestimen sus posibilidades o no aprecien la gravedad de los problemas. A pesar de las perfectas relaciones interpersonales en el plano social, los *animadores* tienen problemas para interpretar emociones y sentimientos (así como para expresar sus propios sentimientos). Suele ocurrir que hieren a otras personas con sus observaciones rudas o críticas, incluso sin saberlo.

Desarrollo personal

El desarrollo personal de los *animadores* depende del grado en que utilizan su potencial natural y se sobreponen a las dificultades o amenazas relacionadas con su tipo de personalidad. Los siguientes consejos prácticos constituyen un decálogo característico del *animador*.

Reconoce que puedes equivocarte

Los asuntos pueden ser más complejos de lo que te parecen. La razón no siempre tiene que estar de tu parte. Ten esto en cuenta, antes de que empieces a acusar a otras personas o les reproches sus errores.

Aprende a establecer prioridades y a gestionar el tiempo

El entusiasmo es tu principal motor de acción, pero los marcos temporales, el plan de trabajo y la lista de prioridades no tienen por qué limitar en absoluto la creatividad, impedir los movimientos y molestar en la realización de las tareas. ¡Todo lo contrario! Debidamente empleados te ayudarán a conseguir los objetivos marcados.

Elogia a los demás

Aprovecha cualquier ocasión para valorar positivamente a otras personas, decirles algo agradable, elogiarlos por algo que han hecho. En el trabajo evalúa a las personas, no solo por las tareas realizadas, sino también por quiénes son. ¡Notarás la diferencia y te sorprenderá!

Sé más tolerante

Sé más paciente con los demás. Recuerda que no puede encargarse la misma tarea a todo el mundo, ya que no todos están capacitados en las mismas áreas. Si a alguien no se le da bien el trabajo encargado, no siempre es un síntoma de su mala voluntad o pereza.

Aprecia las ideas creativas

Basarse en hechos y datos puros y duros conlleva una serie de limitaciones. Muchos problemas pueden solucionarse solo gracias a la intuición, un enfoque innovador e ideas creativas. ¡No te cierres a ellas!

Piensa en el futuro

Concentras tu atención en las tareas actuales y los objetivos inmediatos, así que puedes pasar por alto fácilmente las oportunidades que trae el futuro. Para aprovecharlas mejor, piensa qué te gustaría hacer a medio y largo plazo, por ejemplo en el próximo año, dentro de cinco años o una década.

Actúa menos impulsivamente

Antes de tomar una decisión o implicarte en algún proyecto, dedica algo de tiempo para recopilar información y analizarla. Este enfoque posiblemente limitará el número de tus actividades, pero también hará que sean más efectivas.

Critica menos

No todo el mundo es capaz de aceptar una crítica constructiva como tú. Para muchas personas, la crítica tiene un impacto destructivo. Los estudios realizados muestran que la gente se motiva más por el elogio de sus comportamientos positivos (aunque sean pocos), que cuando se crítica sus comportamientos negativos. Al comentar comportamientos y opiniones de otras personas, sé más moderado.

Acaba lo que hayas empezado

Empiezas cosas nuevas con entusiasmo, pero te cuesta acabar lo que empezaste antes. Este modo de actuar normalmente produce resultados mediocres. Intenta establecer qué es lo más importante para ti, cómo quieres hacerlo y a continuación pasa a la acción ¡y que no te distraigan!

Recuerda las fechas y los aniversarios

Los encuentros acordados, los cumpleaños y aniversarios de los familiares pueden parecerte algo poco importante en comparación con los asuntos de los que te encargas. Sin embargo, para otros a menudo tienen una enorme importancia. ¡Si no eres capaz de recordar fechas y plazos, anótalos!

Personas conocidas

La lista de personas conocidas que se corresponden con el perfil de *animador* incluye, entre otros, los siguientes nombres:

- **Winston Churchill** (1874 - 1965), político británico, orador, estratega, escritor e historiador, dos veces primer ministro del Reino Unido, autor de numerosas publicaciones históricas destacadas, galardonado con el Premio Nobel de literatura;
- **Ernest Hemingway** (1899 - 1961), escritor prosista estadounidense (entre otras obras, *El viejo y el mar*), galardonado con el Premio Nobel de literatura;
- **Evita**, realmente María Eva Duarte de Perón (1919-1952), actriz argentina de cine y radio, activista política y social;
- **Mijaíl Kaláshnikov** (1919 - 2013), constructor soviético de armas de fuego, creador del fusil automático AK-47 («Kaláshnikov»);
- **Peter Falk** (1927 - 2011), actor de cine estadounidense (entre otras series, *Colombo*);

- **Jack Nicholson** (n. 1937), actor de cine estadounidense (entre otras películas, *Alguien voló sobre el nido del cuco*), director, guionista y productor de cine, ganador de numerosos premios prestigiosos;
- **John Rhys-Davies** (n. 1944), actor de cine galés (entre otras películas, *El señor de los anillos*);
- **Madonna**, realmente Madonna Louise Veronica Ciccone (n. 1958), cantante y actriz estadounidense de origen italiano, ganadora de numerosos premios prestigiosos;
- **Antonio Banderas**, realmente José Antonio Domínguez Bandera (n. 1960), actor de cine español (*Desperado*), ganador de numerosos premios prestigiosos;
- **Jeremy Clarkson** (n. 1960), periodista de televisión británico (entre otros programas, *Top Gear*);
- **Michael J. Fox** (n. 1961), actor de cine canadiense (entre otras películas, *Regreso al futuro*);
- **Mike Tyson** (n. 1966), boxeador estadounidense, excampeón del mundo en la categoría de pesos pesados;
- **Matt Damon** (n. 1970), actor estadounidense (entre otras películas, *El indomable Will Hunting*), guionista y productor de cine;

- **David Tennant**, realmente David MacDonald (n. 1971), actor británico de teatro y cine (entre otras películas, *Doctor Who*);
- **Britney Spears** (n. 1981), cantante pop estadounidense, bailarina y actriz de cine.

16 tipos de personalidad de forma breve

Administrador (ESTJ)

Lema vital: *¡Hagamos esa tarea!*

Trabajador, responsable y extraordinariamente leal. Enérgico y decidido. Valora el orden, la estabilidad, la seguridad y las reglas claras. Objetivo y concreto. Lógico, racional y práctico. Es capaz de asimilar una gran cantidad de información detallada.

Organizador perfecto. No tolera la ineficiencia, el despilfarro ni la pereza. Fiel a sus convicciones y directo en los contactos. Presenta sus puntos de vista de forma decidida y expresa abiertamente opiniones críticas, por lo que en ocasiones hiere inconscientemente a otras personas.

Tendencias naturales del *administrador*:

- Fuente de energía vital: mundo exterior.
- Asimilación de información: sentidos.
- Toma de decisiones: razón.
- Estilo de vida: organizado.

Tipos de personalidad similares:

- *Animador*
- *Inspector*
- *Pragmático*

Datos estadísticos:

- Los *administradores* constituyen el 10-13% de la sociedad.
- Entre los *administradores* predominan los hombres (60%).
- Un país que se corresponde con el perfil del *administrador* son los Estados Unidos[2].

Código literal:

El código literal universal del *administrador* en las tipologías de personalidad de Jung es ESTJ.

---

[2] Esto no quiere decir que todos los habitantes de los EE. UU. pertenezcan a este tipo de personalidad, sino que la sociedad estadounidense, en su conjunto, tiene muchas características del *administrador*.

Más:

Jarosław Jankowski
Tu tipo de personalidad: Administrador (ESTJ)

Animador (ESTP)

Lema vital: *¡Hagamos algo!*

Enérgico, activo y emprendedor. Le gusta la compañía de otros y sabe pasárselo bien y disfrutar del momento presente. Es espontáneo, flexible y suele estar abierto a los cambios.

Es entusiasta inspirador e iniciador, suele motivar a los demás a actuar. Lógico, racional y extraordinariamente pragmático. Realista. Le aburren las ideas abstractas y las reflexiones sobre el futuro. Procura solucionar los problemas concretos e inmediatos que se le presentan, pero a menudo también tiene dificultades con la organización y la planificación. Suele ser impulsivo. Suele ocurrir que primero actúa y luego piensa.

Tendencias naturales del *animador*:

- Fuente de energía vital: mundo exterior.
- Asimilación de información: sentidos.
- Toma de decisiones: razón.
- Estilo de vida: espontáneo.

Tipos de personalidad similares:

- *Administrador*
- *Pragmático*
- *Inspector*

Datos estadísticos:

- Los *animadores* constituyen el 6-10% de la sociedad.
- Entre los *animadores* predominan los hombres (60%).
- El país que se corresponde con el perfil de *animador* es Australia.

Código literal:

El código literal universal del *animador* en las tipologías de personalidad de Jung es ESTP.

Más:

Jarosław Jankowski
Tu tipo de personalidad: Animador (ESTP)

Artista (ISFP)

Lema vital: *¡Creemos algo!*

Sensible, creativo y original. Tiene un gran sentido de la estética y capacidades artísticas naturales. Independiente, se guía por su propia escala de valores y no cede ante la presión. Optimista y con una actitud positiva hacia la vida; es capaz de disfrutar del momento.

Disfruta ayudando a los demás. Le aburren las teorías abstractas; prefiere crear la realidad que hablar de ella. Sin embargo, le resulta más fácil empezar cosas nuevas que acabar las empezadas antes. Suele tener dificultades para expresar sus propios deseos y necesidades.

Tendencias naturales del *artista*:

- Fuente de energía vital: mundo interior.
- Asimilación de información: sentidos.
- Toma de decisiones: corazón.
- Estilo de vida: espontáneo.

Tipos de personalidad similares:

- *Protector*
- *Presentador*
- *Defensor*

Datos estadísticos:

- Los *artistas* constituyen el 6-9% de la población.
- Entre los *artistas* predominan las mujeres (60%).
- El país que se corresponde con el perfil de *artista* es China.

Código literal:

El código literal universal del *artista* en las tipologías de personalidad de Jung es ISFP.

Más:

Jarosław Jankowski
Tu tipo de personalidad: Artista (ISFP)

Consejero (ENFJ)

Lema vital: *Mis amigos son mi mundo.*

Optimista, entusiasta y gracioso. Amable, sabe actuar con tacto. Tiene el extraordinario don de la empatía y disfruta actuando de forma desinteresada a favor de los demás. Es capaz de influir en sus vidas: inspira, descubre en ellos el potencial oculto que tienen y suscita confianza en sus propias fuerzas. Irradia ternura y atrae a las demás personas. A menudo las ayuda a resolver sus problemas personales.

Suele ser crédulo, aunque un poco ingenuo, y tiene tendencia a ver el mundo de color de rosa. Concentrado en los demás, a menudo se olvida de sus propias necesidades.

Tendencias naturales del *consejero*:

- Fuente de energía vital: mundo exterior.
- Asimilación de información: intuición.
- Toma de decisiones: corazón.
- Estilo de vida: organizado.

Tipos de personalidad similares:

- *Entusiasta*
- *Mentor*
- *Idealista*

Datos estadísticos:

- Los *consejeros* constituyen el 3-5% de la población.
- Entre los *consejeros* predominan claramente las mujeres (80%).
- El país que se corresponde con el perfil de *consejero* es Francia.

Código literal:

El código literal universal del *consejero* en las tipologías de personalidad de Jung es ENFJ.

Más:

Jarosław Jankowski
Tu tipo de personalidad: Consejero (ENFJ)

Defensor (ESFJ)

Lema vital: *¿Cómo puedo ayudarte?*

Entusiasta, enérgico y bien organizado. Práctico, responsable, concienzudo. Cordial y extraordinariamente sociable.

Percibe los sentimientos humanos, las emociones y necesidades. Valora la armonía. Soporta mal la crítica y los conflictos. Es sensible a todas las manifestaciones de injusticia y protesta cuando ve que lastiman a otras personas. Se interesa sinceramente por los problemas de los demás y siente una verdadera alegría al ayudarlos. Al velar por sus necesidades a menudo desatiende las suyas propias. Tiene tendencia a hacer por los demás cosas que ellos mismos deberían hacer. Suele ser susceptible a la manipulación.

Tendencias naturales del *defensor*:

- Fuente de energía vital: mundo exterior.
- Asimilación de información: sentidos.
- Toma de decisiones: corazón.
- Estilo de vida: organizado.

Tipos de personalidad similares:

- Presentador
- Protector
- Artista

Datos estadísticos:

- Los *defensores* constituyen el 10-13% de la población.
- Entre los *defensores* predominan claramente las mujeres (70%).
- El país que se corresponde con el perfil de *defensor* es Canadá.

Código literal:

El código literal universal del *defensor* en las tipologías de personalidad de Jung es ESFJ.

Más:

Jarosław Jankowski
Tu tipo de personalidad: Defensor (ESFJ)

Director (ENTJ)

Lema vital: *Os diré lo que hay que hacer.*

Independiente, activo y decidido. Racional, lógico y creativo. Percibe un contexto más amplio de los problemas analizados y es capaz de prever las futuras consecuencias de las acciones humanas. Se caracteriza por el optimismo y un sensato sentido de su propio valor. Es capaz de transformar conceptos teóricos en planes de actuación concretos y prácticos.

Visionario, mentor y organizador. Tiene unas capacidades de liderazgo innatas. Su fuerte personalidad, su criticismo y su estilo directo a menudo intimidan a los demás y provocan problemas en sus relaciones interpersonales.

Tendencias naturales del *director*:

- Fuente de energía vital: mundo exterior.
- Asimilación de información: intuición.
- Toma de decisiones: razón.
- Estilo de vida: organizado.

Tipos de personalidad similares:

- *Innovador*
- *Estratega*
- *Lógico*

Datos estadísticos:

- Los *directores* constituyen el 2-5% de la población.

- Entre los *directores* predominan claramente los hombres (70%).
- El país que se corresponde con el perfil de *director* es Holanda.

Código literal:

El código literal universal del *director* en las tipologías de personalidad de Jung es ENTJ.

Más:

Jarosław Jankowski
Tu tipo de personalidad: Director (ENTJ)

Entusiasta (ENFP)

Lema vital: *¡Podemos hacerlo!*

Enérgico, entusiasta y optimista. Es capaz de disfrutar de la vida y piensa a largo plazo. Dinámico, ingenioso y creativo. Le gustan las personas y aprecia las relaciones sinceras y auténticas. Cálido, cordial y emocional. Soporta mal la crítica. Tiene el don de la empatía y percibe las necesidades, los sentimientos y los motivos de los demás. Los inspira y los contagia con su entusiasmo.

Le gusta estar en el centro de los acontecimientos. Es flexible y capaz de improvisar. Es propenso a tener ocurrencias idealistas. Se distrae con facilidad y tiene problemas para llevar los asuntos hasta el final.

Tendencias naturales del *entusiasta*:

- Fuente de energía vital: mundo exterior.
- Asimilación de información: intuición.
- Toma de decisiones: corazón.
- Estilo de vida: espontáneo.

Tipos de personalidad similares:

- *Consejero*
- *Idealista*
- *Mentor*

Datos estadísticos:

- Los *entusiastas* constituyen el 5-8% de la población.
- Entre los *entusiastas* predominan las mujeres (60%).
- El país que se corresponde con el perfil de *entusiasta* es Italia.

Código literal:

El código literal universal del *entusiasta* en las tipologías de personalidad de Jung es ENFP.

Más:

Jarosław Jankowski
Tu tipo de personalidad: Entusiasta (ENFP)

Estratega (INTJ)

Lema vital: *Esto puede perfeccionarse.*

Independiente, marcado individualismo, con una enorme cantidad de energía interna. Creativo e ingenioso. Visto por los demás como competente y seguro de sí mismo y, a la vez, como distante y enigmático. Mira cada asunto desde una perspectiva amplia. Desea perfeccionar y ordenar el mundo que le rodea.

Bien organizado, responsable, crítico y exigente. Es difícil sacarlo de sus casillas, pero también es difícil satisfacerlo totalmente. Por lo general, tiene problemas para interpretar los sentimientos y emociones de otras personas.

Tendencias naturales del *estratega*:

- Fuente de energía vital: mundo interior.
- Asimilación de información: intuición.
- Toma de decisiones: razón.
- Estilo de vida: organizado.

Tipos de personalidad similares:

- *Lógico*
- *Director*
- *Innovador*

Datos estadísticos:

- Los *estrategas* constituyen el 1-2% de la población.

- Entre los *estrategas* predominan claramente los hombres (80%).
- El país que se corresponde con el perfil de *estratega* es Finlandia.

Código literal:

El código literal universal del *estratega* en las tipologías de personalidad de Jung es INTJ.

Más:

Jarosław Jankowski
Tu tipo de personalidad: Estratega (INTJ)

Idealista (INFP)

Lema vital: *Se puede vivir de otra manera.*

Sensible, leal, creativo. Desea vivir según los valores que profesa. Muestra interés por la realidad espiritual y ahonda en los secretos de la vida. Suele conmoverse por los problemas del mundo y está abierto a las necesidades de otras personas. Valora la armonía y el equilibrio.

Romántico: es capaz de demostrar amor, pero él mismo también necesita cariño y afecto. Interpreta perfectamente los motivos y sentimientos de otras personas. Crea relaciones sanas, profundas y duraderas. En situaciones de conflicto lo pasa mal, no sabe qué hacer. No resiste el estrés y la crítica.

Tendencias naturales del *idealista*:

- Fuente de energía vital: mundo interior.
- Asimilación de información: intuición.
- Toma de decisiones: corazón.
- Estilo de vida: espontáneo.

Tipos de personalidad similares:

- *Mentor*
- *Entusiasta*
- *Consejero*

Datos estadísticos:

- Los *idealistas* constituyen el 1-4% de la población.
- Entre los *idealistas* predominan las mujeres (60%).
- El país que se corresponde con el perfil de *idealista* es Tailandia.

Código literal:

El código literal universal del *idealista* en las tipologías de personalidad de Jung es INFP.

Más:

Jarosław Jankowski
Tu tipo de personalidad: Idealista (INFP)

Innovador (ENTP)

Lema vital: *Y si probamos a hacerlo de otra forma...*

Ingenioso, original e independiente. Optimista. Enérgico y emprendedor. Persona de acción: le gusta estar en el centro de los acontecimientos y resolver «problemas irresolubles». Tiene curiosidad por el mundo, y es propenso al riesgo y suele ser impaciente. Visionario, abierto a nuevas ideas y ocurrencias. Le gustan las nuevas experiencias y los experimentos. Percibe las relaciones entre acontecimientos concretos y piensa a largo plazo.

Espontáneo, comunicativo y seguro de sí mismo. Propenso a sobrevalorar sus propias posibilidades. Tiene problemas para llevar los asuntos hasta el final.

Tendencias naturales del *innovador*:

- Fuente de energía vital: mundo exterior.
- Asimilación de información: intuición.
- Toma de decisiones: razón.
- Estilo de vida: espontáneo.

Tipos de personalidad similares:

- *Director*
- *Lógico*
- *Estratega*

Datos estadísticos:

- Los *innovadores* constituyen el 3-5% de la población.
- Entre los *innovadores* predominan claramente los hombres (70%).
- El país que se corresponde con el perfil de *innovador* es Israel.

Código literal:

El código literal universal del *innovador* en las tipologías de personalidad de Jung es ENTP.

Más:

Jarosław Jankowski
Tu tipo de personalidad: Innovador (ENTP)

Inspector (ISTJ)

Lema vital: *Primero las obligaciones.*

Una persona con la que siempre se puede contar. Educado, puntual, cumplidor, concienzudo, responsable: «persona de confianza». Analítico, metódico, sistemático y lógico. Los otros lo ven como reservado, frío y serio. Aprecia la tranquilidad, la estabilidad y el orden. No le gustan los cambios. En cambio, le gustan los principios claros y las reglas concretas.

Trabajador y perseverante, es capaz de llevar los asuntos hasta el final. Perfeccionista. Quiere controlarlo todo. Parco en elogios. No aprecia el valor de los sentimientos y las emociones de otras personas.

Tendencias naturales del *inspector*:

- Fuente de energía vital: mundo interior.
- Asimilación de información: sentidos.
- Toma de decisiones: razón.
- Estilo de vida: organizado.

Tipos de personalidad similares:

- *Pragmático*
- *Administrador*
- *Animador*

Datos estadísticos:

- Los *inspectores* constituyen el 6-10% de la población.
- Entre los *inspectores* predominan los hombres (60%).
- El país que se corresponde con el perfil de *inspector* es Suiza.

Código literal:

El código literal universal del *inspector* en las tipologías de personalidad de Jung es ISTJ.

Más:

Jarosław Jankowski
Tu tipo de personalidad: Inspector (ISTJ)

Lógico (INTP)

Lema vital: *Lo más importante es conocer la verdad acerca del mundo.*

Original, ingenioso y creativo. Le gusta resolver problemas de índole teórica. Analítico, brillante y con una actitud entusiasta hacia las nuevas ideas. Es capaz de relacionar fenómenos concretos y deducir de ellos principios generales y teorías. Lógico, preciso e indagador. Percibe rápidamente los síntomas de incoherencia e inconsecuencia.

Independiente y escéptico ante las soluciones y autoridades establecidas. Tolerante y abierto a los nuevos retos. Se suele quedar absorto en sus reflexiones, a veces pierde el contacto con el mundo exterior.

Tendencias naturales del *lógico*:

- Fuente de energía vital: mundo interior.
- Asimilación de información: intuición.
- Toma de decisiones: razón.
- Estilo de vida: espontáneo.

Tipos de personalidad similares:

- *Estratega*
- *Innovador*
- *Director*

Datos estadísticos:

- Los *lógicos* constituyen el 2-3% de la población.
- Entre los *lógicos* predominan claramente los hombres (80%).
- El país que se corresponde con el perfil de *lógico* es la India.

Código literal:

El código literal universal del *lógico* en las tipologías de personalidad de Jung es INTP.

Más:

Jarosław Jankowski
Tu tipo de personalidad: Lógico (INTP)

Mentor (INFJ)

Lema vital: *¡El mundo puede ser mejor!*

Creativo, sensible, adelantado a su tiempo, capaz de ver las posibilidades que los demás no ven. Idealista y visionario orientado a la ayuda a las personas. Concienzudo, responsable y al mismo tiempo amable, solícito y amistoso. Se esfuerza por entender los mecanismos que rigen el mundo y trata de ver los problemas desde una perspectiva más amplia.

Excelente oyente y observador. Se caracteriza por una extraordinaria empatía, por su intuición y la confianza en las personas. Es capaz de interpretar los sentimientos y las emociones.

Soporta mal la crítica y las situaciones de conflicto. Puede parecer enigmático.

Tendencias naturales del *mentor*:

- Fuente de energía vital: mundo interior.
- Asimilación de información: intuición.
- Toma de decisiones: corazón.
- Estilo de vida: organizado.

Tipos de personalidad similares:

- *Idealista*
- *Consejero*
- *Entusiasta*

Datos estadísticos:

- Los *mentores* constituyen aproximadamente el 1% de la población y son el tipo de personalidad menos frecuente.
- Entre los *mentores* predominan claramente las mujeres (80%).
- El país que se corresponde con el perfil de *mentor* es Noruega.

Código literal:

El código literal universal del *mentor* en las tipologías de personalidad de Jung es INFJ.

Más:

Jarosław Jankowski
Tu tipo de personalidad: Mentor (INFJ)

Pragmático (ISTP)

Lema vital: *Los actos son más importantes que las palabras.*

Optimista, espontáneo y con una actitud positiva hacia la vida. Comedido e independiente. Fiel a sus propias convicciones y escéptico ante las normas y principios externos. Le aburren las teorías y las reflexiones sobre el futuro.

Prefiere actuar y solucionar problemas concretos y tangibles.

Se adapta bien a los nuevos lugares y situaciones. Le gustan los nuevos retos y el riesgo. Es capaz de mantener la sangre fría ante las amenazas y los peligros. Su taciturnidad y su extrema sobriedad a la hora de expresar opiniones hace que suela ser indescifrable para los demás.

Tendencias naturales del *pragmático*:

- Fuente de energía vital: mundo interior.
- Asimilación de información: sentidos.
- Toma de decisiones: razón.
- Estilo de vida: espontáneo.

Tipos de personalidad similares:

- *Inspector*
- *Animador*
- *Administrador*

Datos estadísticos:

- Los *pragmáticos* constituyen el 6-9% de la población.
- Entre los *pragmáticos* predominan los hombres (60%).
- El país que se corresponde con el perfil de *pragmático* es Singapur.

Código literal:

El código literal universal del *pragmático* en las tipologías de personalidad de Jung es ISTP.

Más:

Jarosław Jankowski
Tu tipo de personalidad: Pragmático (ISTP)

Presentador (ESFP)

Lema vital: *¡Hoy es el momento perfecto!*

Optimista, enérgico y abierto a las personas. Es capaz de disfrutar de la vida y pasarlo bien. Práctico y al mismo tiempo flexible y espontáneo. Le gustan los cambios y las nuevas experiencias. Soporta mal la soledad, el estancamiento y la rutina. Se siente bien estando en el centro de atención.

Tiene unas capacidades interpretativas naturales y es capaz de hablar de una forma que despierta el interés y el entusiasmo de los oyentes. Al concentrarse en el día de hoy, a veces pierde de vista los objetivos a largo plazo. Suele tener problemas a la hora de prever las consecuencias de sus actos.

Tendencias naturales del *presentador*:

- Fuente de energía vital: mundo exterior.
- Asimilación de información: sentidos.
- Toma de decisiones: corazón.
- Estilo de vida: espontáneo.

Tipos de personalidad similares:

- *Defensor*
- *Artista*
- *Protector*

Datos estadísticos:

- Los *presentadores* constituyen el 8 -13% de la población.
- Entre los *presentadores* predominan las mujeres (60%).
- El país que se corresponde con el perfil de *presentador* es Brasil.

Código literal:

El código literal universal del *presentador* en las tipologías de personalidad de Jung es ESFP.

Más:

Jarosław Jankowski
Tu tipo de personalidad: Presentador (ESFP)

Protector (ISFJ)

Lema vital: *Me importa tu felicidad.*

Sincero, tierno, modesto, digno de confianza y extraordinariamente leal. Pone en primer lugar a los demás: percibe sus necesidades y desea ayudarles. Práctico, bien organizado y responsable. Paciente, trabajador y perseverante: es capaz de llevar los asuntos hasta el final.

Observa y recuerda los detalles. Valora mucho la tranquilidad, la estabilidad y las relaciones amistosas con los demás. Es capaz de tender puentes entre las personas. Soporta mal los conflictos y la crítica. Tiene un fuerte sentido de la responsabilidad y siempre está dispuesto a ayudar. Los demás suelen aprovecharse de él.

Tendencias naturales del *protector*:

- Fuente de energía vital: mundo interior.
- Asimilación de información: sentidos.
- Toma de decisiones: corazón.
- Estilo de vida: organizado.

Tipos de personalidad similares:

- *Artista*
- *Defensor*
- *Presentador*

Datos estadísticos:

- Los *protectores* constituyen el 8-12% de la población.

- Entre los *protectores* predominan claramente las mujeres (70%).
- El país que se corresponde con el perfil de *protector* es Suecia.

Código literal:

El código literal universal del *protector* en las tipologías de personalidad de Jung es ISFJ.

Más:

Jarosław Jankowski
Tu tipo de personalidad: Protector (ISFJ)

Apéndice

Las cuatro tendencias naturales

1. Fuente de energía vital dominante

    o   MUNDO EXTERIOR
        Personas que obtienen energía del exterior, que
        necesitan actividad y contacto con los demás.
        Soportan mal la soledad prolongada.

    o   MUNDO INTERIOR
        Personas que obtienen energía del mundo interior,
        que necesitan silencio y soledad. Se sienten
        agotados cuando están mucho tiempo en medio de
        un grupo.

2. Forma dominante de asimilación de la información

    o   SENTIDOS
        Personas que dependen de los cinco sentidos. Les
        convencen los hechos y las pruebas. Les gustan los
        métodos comprobados y las tareas prácticas y
        concretas. Son realistas y se basan en la
        experiencia.

    o   INTUICIÓN
        Personas que dependen de un sexto sentido, que

se guían por los presentimientos. Les gustan las soluciones innovadoras y los problemas de índole teórica. Se caracterizan por su enfoque creativo de las tareas y por su capacidad de previsión.

3. Forma de toma de decisiones dominante

    o   RAZÓN
        Personas que se guían por la lógica y los principios objetivos. Críticos y directos a la hora de expresar sus opiniones.

    o   CORAZÓN
        Personas que se guían por los sentimientos y los valores. Anhelan la armonía y necesitan estar bien con los demás.

4. Estilo de vida dominante

    o   ORGANIZADO
        Personas concienzudas y organizadas. Valoran el orden, son personas a quienes les gusta actuar según un plan.

    o   ESPONTÁNEO
        Personas espontáneas, que valoran la libertad. Disfrutan del momento y se encuentran a gusto en situaciones nuevas.

Porcentaje orientativo de los diferentes tipos de personalidad en la población

Tipo de personalidad:	Porcentaje:
Administrador (ESTJ):	10 – 13%
Animador (ESTP):	6 – 10%
Artista (ISFP):	6 – 9%
Consejero (ENFJ):	3 – 5 %
Defensor (ESFJ):	10 – 13%
Director (ENTJ):	2 – 5%

Entusiasta (ENFP):	5 – 8%
Estratega (INTJ):	1 – 2%
Idealista (INFP):	1 – 4%
Innovador (ENTP):	3 – 5%
Inspector (ISTJ):	6 – 10%
Lógico (INTP):	2 – 3%
Mentor (INFJ):	aprox. 1%
Pragmático (ISTP):	6 – 9%
Presentador (ESFP):	8 – 13%
Protector (ISFJ):	8 – 12%

Porcentaje orientativo de mujeres y hombres entre las personas con un determinado tipo de personalidad

Tipo de personalidad:	Mujere/ hombres:
Administrador (ESTJ):	40% / 60%
Animador (ESTP):	40% / 60%
Artista (ISFP):	60% / 40%
Consejero (ENFJ):	80% / 20%
Defensor (ESFJ):	70% / 30%
Director (ENTJ):	30% / 70%
Entusiasta (ENFP):	60% / 40%
Estratega (INTJ):	20% / 80%
Idealista (INFP):	60% / 40%
Innovador (ENTP):	30% / 70%
Inspector (ISTJ):	40% / 60%
Lógico (INTP):	20% / 80%
Mentor (INFJ):	80% / 20%
Pragmático (ISTP):	40% / 60%
Presentador (ESFP):	60% / 40%
Protector (ISFJ):	70% / 30%

Bibliografía

- Arraj James, *Tracking the Elusive Human, Volume 2: An Advanced Guide to the Typological Worlds of C. G. Jung, W.H. Sheldon, Their Integration, and the Biochemical Typology of the Future*, Inner Growth Books, 1990.

- Arraj Tyra, Arraj James, *Tracking the Elusive Human, Volume 1: A Practical Guide to C.G. Jung's Psychological Types, W.H. Sheldon's Body and Temperament Types and Their Integration*, Inner Growth Books, 1988.

- Berens Linda V., Cooper Sue A., Ernst Linda K., Martin Charles R., Myers Steve, Nardi Dario, Pearman Roger R., Segal Marci, Smith Melissa A., *Quick Guide to the 16 Personality Types in Organizations: Understanding Personality Differences in the Workplace*, Telos Publications, 2002.

- Geier John G., Downey E. Dorothy, *Energetics of Personality*, Aristos Publishing House, 1989.

- Hunsaker Phillip L., Alessandra J. Anthony, *The Art of Managing People*, Simon and Schuster, 1986.

- Jung Carl Gustav, *Tipos psicológicos*, Trotta, 2013.

- Kise Jane A. G., Stark David, Krebs Hirsch Sandra, *LifeKeys: Discover Who You Are*, Bethany House, 2005.

- Kroeger Otto, Thuesen Janet, *Type Talk or How to Determine Your Personality Type and Change Your Life*, Delacorte Press, 1988.

- Lawrence Gordon, *Looking at Type and Learning Styles*, Center for Applications of Psychological Type, 1997.

- Lawrence Gordon, *People Types and Tiger Stripes*, Center for Applications of Psychological Type, 1993.

- Maddi Salvatore R., Personality Theories: *A Comparative Analysis*, Waveland, 2001.

- Martin Charles R., *Looking at Type: The Fundamentals Using Psychological Type To Understand and Appreciate Ourselves and Others*, Center for Applications of Psychological Type, 2001.

- Meier C.A., *Personality: The Individuation Process in the Light of C. G. Jung's Typology*, Daimon Verlag, 2007.

- Pearman Roger R., Albritton Sarah, *I'm Not Crazy, I'm Just Not You: The Real Meaning of the Sixteen Personality Types*, Davies-Black Publishing, 1997.

- Segal Marci, *Creativity and Personality Type: Tools for Understanding and Inspiring the Many Voices of Creativity*, Telos Publications, 2001.

- Sharp Daryl, *Personality Type: Jung's Model of Typology*, Inner City Books, 1987. Spoto Angelo, Jung's Typology in Perspective, Chiron Publications, 1995.

- Tannen Deborah, *Tú no me entiendes*, Círculo de lectores, 1992.

- Thomas Jay C., Segal Daniel L., *Comprehensive Handbook of Personality and Psychopathology*, Personality and Everyday Functioning, Wiley, 2005.

- Thomson Lenore, *Personality Type: An Owner's Manual*, Shambhala, 1998.

- Tieger Paul D., Barron-Tieger Barbara, *Just Your Type: Create the Relationship You've Always Wanted Using the Secrets of Personality Type*, Little, Brown and Company, 2000.

- Von Franz Marie-Louise, Hillman James, *Lectures on Jung's Typology*, Continuum International Publishing Group, 1971.

www.ingramcontent.com/pod-product-compliance
Lightning Source LLC
Chambersburg PA
CBHW031207020426
42333CB00013B/826